PRIÈRE AUX VIVANTS
POUR LEUR PARDONNER
D'ÊTRE VIVANTS

DE LA MÊME AUTRICE

LES BELLES LETTRES, 1961.

LE CONVOI DU 24 JANVIER, 1965.

AUSCHWITZ ET APRÈS

I. AUCUN DE NOUS NE REVIENDRA, 1970 ("double", n° 113).

II. UNE CONNAISSANCE INUTILE, 1970 ("double", n° 114).

III. MESURE DE NOS JOURS, 1971 ("double", n° 114).

CHARLOTTE DELBO

PRIÈRE AUX VIVANTS POUR LEUR PARDONNER D'ÊTRE VIVANTS

et autres poèmes
(1946-1985)

LES ÉDITIONS DE MINUIT

*Les Éditions de Minuit remercient la succession Éric Schwab
pour la photo de couverture.*

NOTE SUR LA PRÉSENTE ÉDITION

Charlotte Delbo n'a jamais publié de recueil de poèmes de son vivant. La poésie est pourtant une préoccupation constante dans son œuvre.

Les premiers textes littéraires qu'elle fait paraître à son retour de déportation sont sept poèmes, présentés dans les pages de la revue *Poésie 47* de Pierre Seghers. Elle ne cessera plus dès lors d'écrire des poèmes qu'elle compile dans des cahiers et insère dans la plupart de ses livres. Ils y jouent un rôle central, les vers venant bousculer soudain le rythme installé de la prose avec laquelle ils cohabitent.

Les poètes, Apollinaire et Claudel notamment, accompagneront sa réflexion littéraire, au cœur de laquelle elle placera le « langage de la poésie », seul capable à ses yeux de « donner à voir et à sentir[1] », seul à même de rendre vibrante « la vérité de la tragédie[2] ». « Les poètes voient au-delà des choses », écrit-elle dans *Mesure de nos jours*[3].

Le présent volume se propose de revenir à cette pratique spécifique de la poésie. Il recueille l'ensemble des poèmes qui jalonnent son œuvre, publiés ici selon leur ordre d'apparition dans les éditions originales. Nous les faisons suivre de dix poèmes inédits, pour la plupart non datés, issus de ses archives conservées à la Bibliothèque nationale de France.

1. Charlotte Delbo, entretien avec Claude Prévost, *La Nouvelle Critique*, n° 167, juin 1965, p. 42. Cet entretien est entièrement reproduit dans le présent volume : voir p. 144.
2. *Ibid*. Voir p. 142 du présent volume.
3. Voir p. 72 du présent volume.

Poésie 47

(1946)

En décembre 1946, la revue Poésie 47 *(nº 36), fondée et dirigée par Pierre Seghers, publie sept poèmes de Charlotte Delbo. Signés sous le nom d'«Yvonne Delbo», ils paraissent dans la rubrique «Jeunes», en fin de numéro. Pierre Seghers rédige une brève présentation et annonce la sortie prochaine d'un livre. Charlotte Delbo a alors trente-trois ans; cela fait un an et demi qu'elle est revenue de déportation. Elle reprendra par la suite six des sept poèmes dans les différents volumes de la trilogie* Auschwitz et après, *avec quelques modifications. Est ici donné à lire le seul poème qui n'ait pas fait l'objet d'une republication. On retrouvera les autres p. 19, 26, 34, 48, 59, 83 du présent recueil.*

J'ai vu les hommes
marcher
sur la route des marais
j'ai vu les hommes
tuer des hommes
pour du pain
j'ai vu les hommes
trembler de froid et de faim
courber l'épaule au ricanement d'un gamin
un gamin armé
et serrer leurs poings désespérés
j'ai vu les hommes
baisser les yeux
sous le regard du criminel
et ne pas mourir de l'humiliation
j'ai vu les hommes aux visages indicibles
et j'ai été consolée

Aucun de nous ne reviendra

(1965)

Charlotte Delbo écrit Aucun de nous ne reviendra, *premier volet de la trilogie* Auschwitz et après, *quelques mois après son retour des camps en juin 1945. Ce n'est pourtant que vingt ans après, en 1965, que paraît l'ouvrage pour la première fois, dans la collection «Femme», dirigée par Colette Audry aux éditions Gonthier. Il sera repris par Jérôme Lindon en 1970 à l'occasion de la parution aux Éditions de Minuit d'*Une connaissance inutile, *second volume de sa série consacrée à Auschwitz. Dans ce premier récit, où se déploie une prose poétique d'une puissance rare, Charlotte Delbo évoque ses vingt-sept mois de déportation dans les camps d'Auschwitz et de Ravensbrück. De cet ensemble se détachent quatre poèmes en vers irréguliers ici réunis suivant leur ordre d'apparition dans le volume.*

Vous qui avez pleuré deux mille ans
un qui a agonisé trois jours et trois nuits
quelles larmes aurez-vous
pour ceux qui ont agonisé
beaucoup plus de trois cents nuits et beaucoup
plus de trois cents journées
combien
pleurerez-vous
ceux-là qui ont agonisé tant d'agonies
et ils étaient innombrables
Ils ne croyaient pas à résurrection dans l'éternité
Et ils savaient que vous ne pleureriez pas.

Ô vous qui savez
saviez-vous que la faim fait briller les yeux que
   la soif les ternit
Ô vous qui savez
saviez-vous qu'on peut voir sa mère morte
et rester sans larmes
Ô vous qui savez
saviez-vous que le matin on veut mourir
que le soir on a peur
Ô vous qui savez
saviez-vous qu'un jour est plus qu'une année
une minute plus qu'une vie
Ô vous qui savez
saviez-vous que les jambes sont plus vulnérables
   que les yeux
les nerfs plus durs que les os
le cœur plus solide que l'acier
Saviez-vous que les pierres du chemin ne pleurent
   pas
qu'il n'y a qu'un mot pour l'épouvante
qu'un mot pour l'angoisse
Saviez-vous que la souffrance n'a pas de limite

l'horreur pas de frontière
Le saviez-vous
Vous qui savez.

Une plaine
couverte de marais
de wagonnets
de cailloux pour les wagonnets
de pelles et de bêches pour les marais
une plaine
couverte d'hommes et de femmes
pour les bêches les wagonnets et les marais
une plaine
de froid et de fièvre
pour des hommes et des femmes
qui luttent
et agonisent

AUSCHWITZ

Cette ville où nous passions
était une ville étrange.
Les femmes portaient des chapeaux
des chapeaux posés sur des cheveux en boucles.
Elles avaient aussi des souliers et des bas
comme à la ville.
Aucun des habitants de cette ville
n'avait de visage
et pour n'en pas faire l'aveu
tous se détournaient à notre passage
même un enfant qui tenait à la main
une boîte à lait aussi haute que ses jambes
en émail violet
et qui s'enfuit en nous voyant.
Nous regardions ces êtres sans visages
et c'était nous qui nous étonnions.
Aussi nous étions déçues
nous espérions voir des fruits et des légumes chez
     les marchands.
Il n'y avait pas non plus de boutiques
seulement des vitrines
où j'aurais bien voulu me reconnaître

dans les rangs qui glissaient sur les vitres.
Je levai un bras
mais toutes voulaient se reconnaître
toutes levaient le bras
et aucune n'a su laquelle elle était.
Il y avait l'heure au cadran de la gare
nous avons été heureuses de la regarder
l'heure était vraie
et allégées d'arriver aux silos de betteraves
où nous allions travailler
de l'autre côté de la ville
que nous avions traversée comme un malaise du
matin.

Une connaissance inutile

(1970)

Une connaissance inutile, *deuxième volet de la trilogie* Auschwitz et après, *dont le titre s'inspire d'un vers de Paul Claudel, a paru aux Éditions de Minuit en 1970. Il contient des textes et des poèmes écrits en 1946, dans l'immédiat retour de la déportation, et d'autres rédigés en 1969. On y trouve cette tension temporelle entre le vécu du camp et le souvenir du camp, entre le passé, indélébile, et le présent depuis lequel on l'interroge. Alors que le premier volume ne comptait que quatre poèmes, on en dénombre ici trente et un. Les treize premiers sont dédiés à Georges Dudach, le mari de Charlotte Delbo, militant communiste fusillé à la forteresse du Mont-Valérien le 23 mai 1942, à l'âge de vingt-huit ans.*

Je lui disais mon jeune arbre
Il était beau comme un pin
La première fois que je le vis
Sa peau était si douce
la première fois que je l'étreignis
et toutes les autres fois
si douce
que d'y penser aujourd'hui
me fait comme lorsqu'on ne sent plus sa bouche
Je lui disais mon jeune arbre
lisse et droit
quand je le serrais contre moi
je pensais au vent
à un bouleau ou à un frêne
Quand il me serrait dans ses bras
je ne pensais plus à rien.

Qu'il est nu
celui qui part
nu dans ses yeux
nu dans sa chair
celui qui part à la guerre
Qu'il est nu
celui qui part
nu dans son cœur
nu dans son corps
celui qui part à la mort.

Au seuil de la prison
au matin de la séparation
un vingt et un mars

Il fait le temps des abandons
des bras dénoués
des lèvres sèches

Il fait le temps de la saison
du ciel lavé
des jonquilles fraîches.

Je l'appelais
mon amoureux du mois de mai
des jours qu'il était enfant
heureux tellement
je le laissais
quand personne ne voyait
être
mon amoureux du mois de mai
même en décembre
enfant et tendre
quand nous marchions enlacés
la forêt était toujours
la forêt de notre enfance
nous n'avions plus de souvenirs séparés
il embrassait mes doigts
ils avaient froid
il disait les mots que disent les amoureux du
    mois de mai
j'étais seule à entendre
On n'écoute pas ces mots-là
Pourquoi
On écoute le cœur qui bat

On croit pouvoir toute la vie les entendre
ces mots-là tendres
Il y a tant de mois de mai
toute la vie
à deux qui s'aiment.

Alors
ils l'ont fusillé un mois de mai

Je les envie
ceux qui ont donné les leurs
d'un sacrifice consenti
Moi
je me suis révoltée
à peine si j'ai réussi
à ne pas hurler devant lui
Il lui fallait tout son courage
et c'était déjà trop
à un jeune homme
de laisser une femme
qui vivrait après lui.

Je ne l'ai pas donné
la mort l'a arraché de moi
et cette cause
plus forte que mon amour.
Pour cette cause
il fallait mourir
pour mon amour
il fallait vivre.
Vous croyez que c'est facile
peut-être
de n'être pas femme et jalouse
D'une autre
on peut la tuer
d'une idée
il faut mourir aussi
Je n'ai pas pu mourir avec lui
Et je n'en suis pas morte.

Pleurer un héros
plutôt qu'aimer un lâche
Sans doute avez-vous raison
vous qui avez des mots pour tout
Mais
il y en avait
ni forts ni faibles
qui n'ont été
ni jusqu'au sacrifice
ni jusqu'à la trahison
Il m'est arrivé de penser
qu'il aurait pu être de ceux-là
et d'avoir honte
Je voudrais être sûre
d'avoir eu honte
Il faut
il faut
que vous ayez raison.

Je me demandais
pour qui
pour qui il mourait
pour lequel de ses amis
Y avait-il un vivant
qui méritait sa vie à lui
lui
le plus cher.
Doucement il est revenu
de là-bas où il était en allé
revenu me dire
qu'il était mort pour le passé
et pour tous les devenirs
J'ai senti que ma gorge éclatait
mes lèvres ont voulu sourire
mais c'était que je le revoyais.

Vous ne pouvez pas comprendre
vous qui n'avez pas écouté
battre le cœur
de celui qui va mourir

J'ai pleuré encore
parce que tous deux nous avions cru
que l'amour nous serait talisman
C'était plus que perdre une croyance
c'était comme si je me reprochais
de ne pas l'avoir aimé d'un amour plus grand.

Je l'aimais
parce qu'il était beau
c'est une raison futile

Je l'aimais
parce qu'il m'aimait
c'est une raison égoïste

Mais
c'est pour vous
que je cherche des raisons
pour moi je n'en avais pas
Je l'aimais comme une femme aime un homme
sans mots pour le dire

Il est mort
parce qu'il faut à une histoire d'amour
pour qu'elle soit belle
une fin tragique
La nôtre était magnifique
Pourquoi faut-il que vous l'emportiez toujours
à la fin
avec vos lieux communs.

D'amour et de douleur
Il s'est tari mon cœur
De douleur et d'amour
a séché jour à jour

LE MATIN L'ARRIVÉE

L'enfer avait vomi tous ses damnés
c'était eux qui nous accueillaient
et tout de suite
nous avons compris
pourquoi ils ne nous faisaient pas fête
Ils regrettaient les tourments d'enfer
et ils nous voyaient arriver
nous qui venions de la terre
comme des gens qui savent
et peuvent faire la différence
et tout de suite
nous allions savoir aussi
et vouloir oublier la vie.

*

En enfer
on ne voit pas mourir ses camarades
en enfer
la mort n'est pas une menace
en enfer
on n'a plus ni faim ni soif

en enfer
on n'attend plus
en enfer
il n'y a plus d'espoir
et l'espoir est d'angoisse
au cœur d'où le sang se retire.
Pourquoi dites-vous que c'est l'enfer,
ici.

Nous étions ivres d'Apollinaire
et de Claudel
vous souvient-il ?

C'est le début d'un poème
dont je voulais me souvenir
pour vous le dire.

J'ai oublié tous les mots
ma mémoire s'est égarée
dans les délabres des jours passés
ma mémoire s'en est allée
et nos ivresses anciennes
Apollinaire et Claudel
meurent ici avec nous.

AUX AUTRES MERCI

Un fantôme danseur de corde
qui s'exerçait la nuit
sur les fils du télégraphe
Il ne savait pas que je le voyais
Il dansait
Il s'était habillé en fantôme
et cependant
personne ne le voyait.

Moi je n'aurais pas tenu
si personne ne m'avait vue,
si vous n'aviez pas été là.

Ce n'est rien de mourir
en somme
quand c'est proprement
mais
dans la diarrhée
dans la boue
dans le sang
et que ça dure
que ça dure longtemps

Une romance bête
un soir d'été
La vie le passé
qu'on regrette
Non
Ici on a désappris de regretter

J'ai vu battre des hommes
et j'ai enfin pu penser à lui
lui mort
un jour qu'il était beau encore
mort droit
de mort choisie.

Quand j'ai vu ce que j'ai vu
souffrir
comme j'ai vu souffrir
mourir
comme j'ai vu mourir
j'ai su que rien
rien n'était trop dans cette lutte.

Ce point sur la carte
Cette tache noire au centre de l'Europe
cette tache rouge
cette tache de feu cette tache de suie
cette tache de sang cette tache de cendres
pour des millions
un lieu sans nom.
De tous les pays d'Europe
de tous les points de l'horizon
les trains convergeaient
vers l'in-nommé
chargés de millions d'êtres
qui étaient versés là sans savoir où c'était
versés avec leur vie
avec leurs souvenirs
avec leurs petits maux
et leur grand étonnement
avec leur regard qui interrogeait
et qui n'y a vu que du feu,
qui ont brûlé là sans savoir où ils étaient.
Aujourd'hui on sait
Depuis quelques années on sait

On sait que ce point sur la carte
c'est Auschwitz
On sait cela
Et pour le reste on croit savoir.

Yvonne Picard est morte
qui avait de si jolis seins.
Yvonne Blech est morte
qui avait les yeux en amande
et des mains qui disaient si bien.
Mounette est morte
qui avait un si joli teint
une bouche toute gourmande
et un rire si argentin.
Aurore est morte
qui avait des yeux couleur de mauve.

Tant de beauté tant de jeunesse
tant d'ardeur tant de promesses...
Toutes un courage des temps romains.

Et Yvette aussi est morte
qui n'était ni jolie ni rien
et courageuse comme aucune autre.
Et toi Viva
et moi Charlotte
dans pas longtemps nous serons mortes
nous qui n'avons plus rien de bien.

Je lui ai dit
que tu es beau.
Il était beau de sa mort à chaque seconde plus
visible.
C'est vrai que cela rend beau
la mort.
Avez-vous remarqué
comme ils sont
les morts, ces temps-ci
comme ils sont jeunes et musclés
les cadavres de cette année.
Elle rajeunit tous les jours
la mort
cette année
un petit gars hier n'avait pas dix-neuf ans.
Je sais bien qu'il n'y a rien comme elle
pour vous embellir un vivant
rendre le visage de l'enfance.
Lui était beau de sa mort
à chaque seconde plus beau
qui allait se poser sur lui
plaquer à son sourire
à ses yeux

à son cœur
à son cœur tout battant
tout vivant.
D'autant plus horrible qu'il était plus beau
d'autant plus horrible qu'ils sont
plus jeunes et plus beaux
tous
couchés côte à côte
beaux pour l'éternité
et fraternels
alignés
quand on moissonne l'homme comme l'épi
l'épi en sa saison le grain mûr
l'homme en sa saison
à l'été de la révolte
quand on couche l'homme comme l'épi
le regard en face de l'acier
poitrine offerte
poitrine crevée cœur troué
ceux qui avaient choisi.

C'est ce qui le faisait si beau
d'avoir choisi
choisi sa vie, choisi sa mort
et d'avoir regardé avant.

Et je suis revenue
Ainsi vous ne saviez pas,
vous,
qu'on revient de là-bas

On revient de là-bas
et même de plus loin

Je reviens d'un autre monde
dans ce monde
que je n'avais pas quitté
et je ne sais
lequel est vrai
dites-moi suis-je revenue
de l'autre monde ?
Pour moi
je suis encore là-bas
et je meurs
là-bas
chaque jour un peu plus
je remeurs
la mort de tous ceux qui sont morts
et je ne sais plus quel est vrai
du monde-là
de l'autre monde-là-bas
maintenant
je ne sais plus
quand je rêve
et quand
je ne rêve pas.

Moi aussi j'avais rêvé
de désespoirs
et d'alcools
autrefois
avant
Je suis remontée du désespoir
celui-là
croyant que j'avais rêvé
le rêve du désespoir
La mémoire m'est revenue
et avec elle une souffrance
qui m'a fait m'en retourner
à la patrie de l'inconnu.

C'était encore une patrie terrestre
et rien de moi ne peut fuir
je me possède toute
et cette connaissance
acquise au fond du désespoir
Alors vous saurez
qu'il ne faut pas parler avec la mort
c'est une connaissance inutile.

Dans un monde
où ne sont pas vivants
ceux qui croient l'être
toute connaissance devient inutile
à qui possède l'autre
et pour vivre
il vaut mieux ne rien savoir
ne rien savoir du prix de la vie
à un jeune homme qui va mourir.

J'ai parlé avec la mort
alors
je sais
comme trop de choses apprises étaient vaines
mais je l'ai su au prix de souffrance
si grande
que je me demande
s'il valait la peine.

Vous qui vous aimez
hommes et femmes
homme d'une femme
femme d'un homme
vous qui vous aimez
pouvez-vous comment pouvez-vous
dire votre amour dans les journaux
sur des photos
dire votre amour à la rue qui vous voit passer
à la vitrine où vous marchez
l'un près de l'autre contre l'autre
vos yeux dans la glace rencontrés
et vos lèvres rapprochées
comment pouvez-vous
le dire au garçon
au chauffeur de taxi
vous lui êtes si sympathiques
tous les deux
des amoureux
vous le dire sans rien dire
d'un geste
Chérie, ton manteau, n'oublie pas tes gants

vous effaçant pour la laisser passer
elle souriant paupières abaissées qui se relèvent
le dire à ceux qui vous regardent
et à ceux qui ne vous regardent pas
par cette assurance qu'on a quand on est attendu
dans un café
dans un square
cette assurance qu'on a
quand on est attendu dans la vie
le dire aux animaux du zoo
ensemble qu'il est laid celui-ci celui-là qu'il est
    beau
d'accord sincèrement
ou non
n'importe
y pensez-vous seulement
comment pouvez-vous et pourquoi
le dire à moi
je sais
je sais que tous les hommes ont aux femmes les
    mêmes gestes
tes gants chérie, tes fleurs que tu oublies
chérie m'allait bien à moi aussi
je sais que toutes les femmes
ont aux hommes le même ravissement
il prenait ma main
protégeait mon épaule
comment osez-vous
à moi
je n'ai plus à sourire
merci chéri tu es gentil
chéri lui allait bien à lui aussi.

Et ce désert est tout peuplé
d'hommes et de femmes qui s'aiment
qui s'aiment et se le crient
d'un bout de la terre à l'autre.

Je suis revenue d'entre les morts
et j'ai cru
que cela me donnait le droit
de parler aux autres
et quand je me suis retrouvée en face d'eux
je n'ai rien eu à leur dire
parce que
j'avais appris
là-bas
qu'on ne peut pas parler aux autres.

PRIÈRE AUX VIVANTS
POUR LEUR PARDONNER D'ÊTRE VIVANTS

Vous qui passez
bien habillés de tous vos muscles
un vêtement qui vous va bien
qui vous va mal
qui vous va à peu près
vous qui passez
animés d'une vie tumultueuse aux artères
et bien collée au squelette
d'un pas alerte sportif lourdaud
rieurs renfrognés, vous êtes beaux
si quelconques
si quelconquement tout le monde
tellement beaux d'être quelconques
diversement
avec cette vie qui vous empêche
de sentir votre buste qui suit la jambe
votre main au chapeau
votre main sur le cœur
la rotule qui roule doucement au genou
comment vous pardonner d'être vivants…
Vous qui passez

bien habillés de tous vos muscles
comment vous pardonner
ils sont morts tous
Vous passez et vous buvez aux terrasses
vous êtes heureux elle vous aime
mauvaise humeur souci d'argent
comment comment
vous pardonner d'être vivants
comment comment
vous ferez-vous pardonner
par ceux-là qui sont morts
pour que vous passiez
bien habillés de tous vos muscles
que vous buviez aux terrasses
que vous soyez plus jeunes chaque printemps
Je vous en supplie
faites quelque chose
apprenez un pas
une danse
quelque chose qui vous justifie
qui vous donne le droit
d'être habillés de votre peau de votre poil
apprenez à marcher et à rire
parce que ce serait trop bête
à la fin
que tant soient morts
et que vous viviez
sans rien faire de votre vie.

Je reviens
d'au-delà de la connaissance
il faut maintenant désapprendre
je vois bien qu'autrement
je ne pourrais plus vivre.

Et puis
mieux vaut ne pas y croire
à ces histoires
de revenants
plus jamais vous ne dormirez
si jamais vous les croyez
ces spectres revenants
ces revenants
qui reviennent
sans pouvoir même
expliquer comment.

Mesure de nos jours

(1971)

Mesure de nos jours *est le dernier volume de la trilogie* Auschwitz et après. *Il paraît en 1971, un an seulement après la publication d'*Une connaissance inutile. *Écrit en octobre 1970, il évoque le retour des survivants et survivantes des camps, le vide qui les saisit dans cet «après», l'incompréhension à laquelle ils se heurtent, l'impossibilité de dire l'horreur traversée, l'impossibilité de «revenir». Les quatorze poèmes de ce volume expriment cette difficulté insurmontable du retour: «c'est difficile de revenir / quand on a regardé la mort / à prunelle nue».*

J'ai résisté à l'injustice
elle m'a prise
et elle m'a remise à la mort
j'ai résisté à la mort
si fort
qu'elle n'a pas pu m'ôter la vie
pour se venger
elle m'en a ôté l'envie
et
elle m'a fait un certificat
je l'ai là
signé d'une croix
pour me servir la prochaine fois.

Mon cœur a perdu sa peine
il a perdu sa raison de battre
la vie m'a été rendue
et je suis là devant la vie
comme devant une robe
qu'on ne peut plus mettre.

Un enfant m'a donné une fleur
un matin
une fleur qu'il avait cueillie
pour moi
il a embrassé la fleur
avant de me la donner
et il a voulu que je l'embrasse aussi
il m'a souri
c'était en Sicile
un enfant couleur de réglisse
il n'y a plaie qui ne guérisse
Je me suis dit cela
ce jour-là
je me le redis quelquefois
ce n'est pas assez pour que j'y croie

Qu'on revienne de guerre ou d'ailleurs
quand c'est d'un ailleurs
aux autres inimaginable
c'est difficile de revenir

Qu'on revienne de guerre ou d'ailleurs
quand c'est d'un ailleurs
qui n'est nulle part
c'est difficile de revenir
tout est devenu étranger
dans la maison
pendant qu'on était dans l'ailleurs

Qu'on revienne de guerre ou d'ailleurs
quand c'est d'un ailleurs
où l'on a parlé avec la mort
c'est difficile de revenir
et de reparler aux vivants.

Qu'on revienne de guerre ou d'ailleurs
quand on revient de là-bas
et qu'il faut réapprendre

c'est difficile de revenir
quand on a regardé la mort
à prunelle nue
c'est difficile de réapprendre
à regarder les vivants
aux prunelles opaques.

Peut-être avions-nous embelli notre attente
notre attente
ce que nous attendions.
Tout de nous était tendu
vers ce que nous attendions
nos mains prêtes à prendre
dures
douces
sensibles
impatientes
nos cœurs prêts à donner
impatients
avides
inépuisables
nos mains et nos cœurs
vers ce que nous attendions
qui n'était pas ce qui nous attendait.

Ne dis pas qu'ils ne nous entendent pas
ils nous entendent
ils veulent comprendre
obstinément
méticuleusement
une frange d'eux veut comprendre
une lisière sensible à la frange d'eux-mêmes
c'est leur eux du fond
leur vérité
qui reste loin
qui fuit quand nous croyons l'atteindre
qui se rétracte et se contracte et échappe
n'est-ce pas parce qu'ils ont mal
là où nous n'avons plus mal
qu'ils se retirent et se replient...

Ce poète qui nous avait promis des roses
Il y aurait des roses
sur notre chemin
quand nous reviendrions
avait-il dit.
Des roses
le chemin était âpre et sec
quand nous sommes revenus
Le poète aurait menti ?
Non
Les poètes voient au-delà des choses
et celui-ci avait double vue
si de roses
il n'y a pas eu
c'est que nous ne sommes pas revenus
et de plus
pourquoi des roses
nous n'avions pas tant d'exigence
c'est de l'amour qu'il nous aurait fallu
si nous étions revenus.

Vous voudriez savoir
poser des questions
et vous ne savez quelles questions
et vous ne savez comment poser les questions
alors vous demandez
des choses simples
la faim
la peur
la mort
et nous ne savons pas répondre
nous ne savons pas répondre avec vos mots à vous
et nos mots à nous
vous ne les comprenez pas
alors vous demandez des choses plus simples
dites-nous par exemple
comment se passait une journée
c'est si long une journée
que vous n'auriez pas la patience
et quand nous répondons
vous ne savez pas comment passait une journée
et vous croyez que nous ne savons pas répondre

Vous ne croyez pas ce que nous disons
parce que
si c'était vrai
ce que nous disons
nous ne serions pas là pour le dire.
Il faudrait expliquer
l'inexplicable
expliquer
pourquoi Viva qui était si forte
est-elle morte
et non pas moi
pourquoi Mounette
qui était ardente et fière
est-elle morte
et non pas moi
pourquoi Yvonne
qui était résolue
et non pas Lulu
pourquoi Rosie
qui était innocente et ne savait encore
ni pourquoi vivre
ni pourquoi mourir

pourquoi Rosie
et non pas Lucie
pourquoi Mariette
et non pas Poupette
sa sœur
qui était plus jeune et toute frêle
pourquoi Madeleine
et non pas Hélène
qui couchait près d'elle
pourquoi pourquoi
parce que tout ici est inexplicable.

Rentrer du camp rentrer dans le rang
après l'histoire
le tous les jours
après le maquis
le traintrain de la vie.
Nous disions
que la vie sera belle quand elle sera libre
que la vie sera ardente quand nous serons libres
tout sera simple
transparent
tout nous sera rendu avec la liberté
la beauté l'amour l'amitié
tout
la liberté
c'est tout
il n'y aura qu'à vivre
quoi de plus simple
de plus facile
à celui qui sait souffrir
à celui qui sait mourir ?
Rentrer
Qui de nous osait penser plus loin ?

Rentrer
c'était déjà demander l'impossible
c'était tout demander
oserait-on demander davantage ?
Rentrer
tout nous serait rendu.
Revenir, ce n'est pas tout
c'est revenir pour se remettre à vivre
à vivre le tous les jours
à travailler et à faire des dettes
à faire des économies pour payer ses dettes
à vendre du savon
parce qu'on ne sait pas faire autre chose
à retourner au bureau
parce qu'on ne sait pas faire autre chose
dans la vie de tous les jours
à chercher un logement
parce qu'on ne peut pas vivre autrement
à être à l'heure
parce qu'au travail il faut être à l'heure.
…
De quoi vous plaignez-vous
la vie c'est la vie
de quoi rêviez-vous dans votre là-bas ?
De manger à votre faim
de dormir à votre sommeil
d'aimer à votre amour
À manger à dormir à aimer
vous l'avez
depuis que vous êtes rentrés.
L'histoire
c'est fini

soyez heureux comme tout le monde
l'histoire
c'est un moment
maintenant
c'est la vie.
Et pourquoi donc vouliez-vous revenir ?

Sortir de l'histoire
pour entrer dans la vie
essayez donc vous autres et vous verrez.

L'inconnu qui venait vers moi
était
après tant d'années
le premier homme que j'avais envie d'embrasser.
La ville était remplie
d'hommes que je ne voyais pas
l'inconnu qui s'avançait
était
après tant d'années
le premier homme que je regardais
Il me parlait
je ne l'écoutais pas
je regardais ses lèvres
j'avais envie de l'embrasser.
Au moment où les êtres se séparent
je n'avais vu que sa bouche
et c'est avec un aussi fragile indice
que je pars à sa recherche
dans la ville
dans la ville des matins
dans la ville bleue des soirs
toujours une autre ville

et qui m'échappe.
Je cherche et je sais
que je ne le retrouverai jamais
La ville tout entière est vide et m'appartient.

Je ne sais pas
si vous pouvez faire encore
quelque chose de moi
Si vous avez le courage d'essayer…

Quand la révolution viendra
je tirerai mon cerveau
de sa boîte crânienne
et je le secouerai sur la ville
et il en neigera
une neige de poussière
de sale poussière
couleur du temps présent
qui ternira l'écarlate des drapeaux

Et si elle tarde trop
je n'aurai même plus la force d'en faire tant.

Un homme qui meurt pour un autre homme
cela se cherche
ne dis plus cela Mendiant
ne le dis plus
ils sont des milliers
qui se sont avancés pour tous les autres
pour toi aussi
Mendiant
pour que tu salues l'aurore
l'aube était livide
aux matins des mont-valérien
et maintenant
cela s'appelle l'aurore
Mendiant
c'est l'aube avec leur sang.

La Mémoire et les Jours

(1985)

La Mémoire et les Jours *a été publié chez Berg internatio-nal en 1985, quelques mois après la disparition de Charlotte Delbo le 1er mars 1985. Le manuscrit, d'abord intitulé* De toutes les douleurs, *a connu plusieurs versions. Dans sa forme finale, il contient sept poèmes qui convoquent les sou-venirs des camps mais aussi d'autres tragédies plus récentes qui réveillent l'incroyable capacité d'indignation de Char-lotte Delbo. On y lit ainsi un poème sur l'agonie de Franco en 1975 (*Tombeau du dictateur*), un autre sur Varsovie, en trois parties (le ghetto, l'insurrection de la ville en 1944, les grèves des ouvriers polonais à l'été 1981), un autre encore sur les mères de la Plaza de Mayo de Buenos Aires qui pour la première fois se rassemblent en 1977 pour interpeller la junte militaire au pouvoir, réclamant la vérité sur le sort de leurs enfants disparus (*Les Folles de mai).

MA MÈRE, LES ÉTOILES

Pendant tout le temps où tu étais là-bas
que je ne savais pas où tu étais
je n'ai pas fermé les volets de ma chambre
le soir
je n'ai pas tiré les rideaux.
De mon lit
je regardais le ciel.
Je regardais une étoile,
toujours la même étoile.
Dès qu'elle apparaissait
je la reconnaissais.
Je pensais
Charlotte elle aussi regarde le ciel
Elle aussi voit cette étoile.
Où qu'elle soit, elle la voit.
Elle sait que je pense à elle
que je pense à elle à chaque minute
à chaque seconde
Je ne voulais pas m'endormir
de peur que s'endorme ma pensée vers toi
Je m'endormais le matin
quand le jour effaçait mon étoile.

Les nuits où le ciel était chargé
je suivais les mouvements des nuages
pour ne pas manquer mon étoile
quand elle surgirait
dans une échancrure des nuages.
La voir
une seule minute
la voir.
Elle me disait que tu étais vivante.
Je n'aimais pas les nuits sans étoile
ni les nuits de pleine lune
où la lumière de la lune dévore les étoiles.
Il me semblait que je te perdais de vue.

Maintenant que tu es rentrée
je fermerai mes volets.
Ils doivent être tout rouillés.
Depuis tout ce temps, ce long temps

Ma mère ne m'a plus jamais parlé du camp, ne m'a
    jamais rien demandé sur Auschwitz.

Moi aussi je regardais les étoiles
Pendant l'appel
la nuit longtemps avant le jour
pointes de diamant glacées
dards incandescents
diamants de glace
flèches de feu
qui trouaient le métal du ciel
pour planter dans notre chair
leurs échardes de froid
leurs griffes acérées
brûlantes
et nous transpercer jusqu'au cœur.
Indifférentes leur lumière
leur cruauté
était-ce possible
non hostiles
meurtrières
comme tout
ici
la neige qui paralyse les pieds
la neige

son froid qui nous monte jusqu'aux tempes
le vent aux lames coupantes
la nuit aux aiguilles de cristal.

Toutes
des milliers
dehors dans la nuit
debout dans le froid de la nuit
bleues de froid
la poitrine serrée à faire mal
insensibles à force d'avoir mal
insensibles à la mort
qui nous enserre de sa poigne glacée.
Et c'est la nuit du matin
encore tout un jour à venir
à vivre jusqu'au soir
jusqu'à la nuit du soir.

Sous le regard consterné des étoiles
un vers remontait à ma mémoire
consterné
pour dire cette dureté implacable.
Pourtant le vers me plaisait
et je le répétais
comme pour implorer les étoiles
les supplier d'adoucir leur regard.

À mon retour j'ai relu les poèmes de Blaise Cendrars
je n'ai pas retrouvé le vers qui avait affleuré
transformé
à ma mémoire
de là-bas.

TOMBEAU DU DICTATEUR

Pourvoyeur de la mort
de longtemps son premier fournisseur
la gorgeant de vies par lui désignées
espoirs saccagés, jeunesse au sacrifice,
excitant son avidité, elle déjà avide,
et lui donnant
lui donnant encore
encore et encore et plus que son content,
rassasiant l'insatiable
qu'en même temps il allèche
lui jetant pâture toujours plus fraîche ;
il flatte la vieille
et pourquoi la flatter ?
Pour l'écarter parce qu'il a peur.
Il a peur et pour la détourner de lui
chaque matin l'expédie aux quatre coins du pays.
Il l'aurait gâtée sans mesure
et elle ne le garderait pas immortel ?
Que si ! L'absolu est immortel
donc le pouvoir absolu, et le tyran éternel.
Maître de la mort il se croit maître de sa vie
quand l'ingrate se tourne vers lui.

Il sent ses griffes à son cou
il entend son rire,
il veut desserrer les griffes
faire taire les castagnettes de fer
et pour l'assouvir lui donne encore cinq hommes,
des plus courageux et ardents,
charnels et tout vivants,
cinq d'un coup, un matin d'automne.
Les matins sont transparents de brume dorée à
     l'automne.
– Et maintenant, laisse-moi en vie, moi.
Personne ne te servira jamais mieux.
Cinq hommes fiers dans la force de l'âge,
y a-t-il plus riche festin ?
En sera-t-elle gavée enfin ?
Non, c'est lui, lui qu'elle veut.
– Lâche-moi. Lâche-moi.
Il y en a encore tant
tant que je peux te donner, attends.
La maîtresse soumise est devenue rebelle.
Les griffes s'enfoncent dans son cou.
Il étouffe, se débat. Inutile.
Il se débat et tandis qu'il agonise
rien ne répond à ses cris
que ricanements et paris
tant la haine est terrible
qui s'est amoncelée sur lui.
Sanguinaire au sens exact
– où est donc le sang dont il s'est repu tant d'années ? –
voilà qu'on doit verser dans ses veines aplaties,
tuyaux crevés, des litres et des litres de sang emprunté
et ce sang qu'on lui transvase

ne gonfle plus ses vaisseaux flasques et troués
qui le laissent fuir par mille fuites irréparables.
N'avait-il donc pas versé tout le sang de la terre
qu'on en trouve encore pour rendre mouvement à ce
    cœur pétrifié ?
Même de pierre, il avait donc un cœur ?
Et comme le sang n'y suffit pas
on apporte la sainte au manteau miraculeux
une qui n'a jamais mis d'innocent à l'abri de son
    manteau.
Ne savait-elle pas, cette sainte,
que les condamnés du tyran l'étaient injustement ?
Comme si les saints savaient quelque chose
quand il s'agit du droit des gens.
On ne ménage aucun recours
on appelle tout à son secours
les saints, les crucifix, les amulettes
toutes les reliques à prodiges.
– Et ses reliques, à lui,
ces morceaux dont on allège sa carcasse,
ces reliques,
leur bâtira-t-on des basiliques ?
On lui coupe des morceaux qu'on jette à la mort
pour qu'elle patiente un peu encore.
– Un moment ! Que j'arrange mes affaires,
dit la veuve.

La mort ne le lâche pas
et moi je me réjouis.
– N'avez-vous pas honte ?
– Moi, honte ? Et lui ?
A-t-il jamais respecté la vie, le bonheur, l'amour,

a-t-il jamais reconnu la beauté,
la vie au cœur d'un jeune homme,
aux lèvres d'une jeune fille ?
Le pouvoir est pouvoir de mort.
Pour régner, il le faut sur un cimetière,
les cadavres sont muets et dociles.
À mort ! donc, tous ceux qui respirent libres.
– Tout mourant n'a-t-il pas droit à respect ?
– Non. Pas tous. Et pas lui.
Ceux qui
au fond des prisons, au noir des forteresses,
à qui, le soir
un gardien annoncé par le bruit effrayant de ses clefs
est venu dire « C'est pour demain matin »,
qui ont agonisé d'une agonie lucide et solitaire,
ceux-là, oui, mais pas lui.
Le tyran qui part à son heure, après tout
– après tous ses crimes –
paiera-t-il jamais pour ces agonies-là ?
Maintenant il agonise
d'une agonie qui n'en finit pas
et pour que la mort lâche prise
il lui lâche morceau par morceau des pans de son corps
commençant par les plus pourris.

– Même pourries, il avait donc des entrailles ?

Le tyran agonise.
Aux lèvres de personne ne monte un soupir de pitié
aux yeux de personne un regret.
– Qu'il crève ! Qu'il crève !
Et le plus vite !

Qu'il crève !
Il pourrait dans un sursaut
signer encore des condamnations.
Tant qu'il aura un souffle de vie
même s'il faut guider sa main refroidie
sur le papier glacé
il mettra à mort.
Tant qu'il n'est pas mort mais mort,
il peut signer.
Qu'il crève ! Pensez aux camarades
qui, le soir,
tendent l'oreille au bruit des clefs
leur glas avançant du fond des couloirs.

– Non ! Qu'il dure et qu'il endure !
Qu'il revoie sur ses pupilles
les visages résolus de ceux qu'il a assassinés.
Qu'il revoie le regard insoutenable de ses victimes,
qu'il revoie cet enfant aux yeux d'éternité
une main accrochée au sein de sa mère
devant l'église de Badajoz
cet enfant seul vivant sur la place couverte de cadavres.
Qu'il revoie Guernica aux chairs en lambeaux
et les hommes de Burgos
transis dans leurs cachots !
Qu'il revoie et qu'il ait peur.
Qu'une hyène dévore ses yeux
tandis qu'il y voit encore
et qu'il voie ses propres yeux dans ceux de la bête.
Qu'il souffre mille morts
mille et mille et encore
autant qu'il en a fait souffrir.

À peine cela nous consolera-t-il d'y être pour rien
d'avoir aiguisé nos couteaux sans l'atteindre
d'avoir manqué à venger les nôtres,
de n'avoir pas écouté le temps de l'infamie
Si tant est que rien puisse nous consoler
nous ôter le remords
de n'avoir pas vengé nos morts

Aiguiser les couteaux…
Sous les hautes voûtes où le tyran agonise
entre les colonnes de la haute salle,
ils sont tous là,
les héritiers
insomnieux crainte de céder la place,
tous là,
le poignard dégainé,
chacun, d'une main protégeant sa gorge du poignard
    des autres
de l'autre main tenant ferme son arme
pour égorger avant qu'on l'égorge.
Et sous les hautes voûtes où le tyran agonise
glissent
entre les colonnes,
les ombres qui attendent
pour se déclarer et s'affronter.
Glissements d'ombres et éclairs d'acier
qui se croisent et s'esquivent
s'évitent et se poursuivent
dans l'entrelacs mortel qui trame les destins.
Sous des voiles épais sa férocité dissimulée
sous des voiles sombres ses yeux secs, sa bouche avare
    abrités

la veuve ne quitte pas le moribond d'un instant.
Elle ne veille pas, elle ordonne.
Qu'on tienne en vie le tyran
qu'on lui arrange un sursis d'agonie
qu'on lui fabrique un semblant de survie
le temps qu'elle assure son avenir et son clan.
Tous sont là dans la salle haute
crispés sous leurs masques
les masques que la mort du tyran arrachera
au terme de cette agonie qui n'en finit pas.
Tous sont là
et qui craignent autant les uns des autres
que du peuple
qui attend la fin de l'agonie
pour faire éclater sa joie et ses cris,
pour crier : justice !
pour crier : liberté !
pour crier : vérité !
Les héritiers tremblent.
Les crimes du tyran sont-ils dans l'héritage
et devra-t-on payer des droits ?
Lui seul avait pouvoir de mort
faute de ce pouvoir que la veuve fait attendre
avec cette agonie interminable
ils prennent leurs mesures
remplissent les prisons d'ennemis vrais ou supposés
– Vrais, soyez sûrs,
c'est la seule vérité de la tyrannie
elle n'a que faux amis et vrais ennemis.
Les héritiers lancent leurs sbires au fond des provinces
impatients d'avoir le droit de signer les mises à mort
eux aussi.

Après une agonie interminable
le bourreau de son peuple
mis à la glacière comme bête de boucherie
est mort enfin.
Et le prélat qui l'avait prêté
viendra réclamer le bras de Sainte-Thérèse
un os dans un étui en or
que le tyran gardait
On n'est jamais assez protégé
La vie des tyrans est toujours en danger.
Sainte-Thérèse, qu'avez-vous fait ?

Grotesque macabre
digne de lui
cette fin.

VARSOVIE

I

Figures de la nuit
visages blêmes
ils surgissent de l'ombre
prunelles en creux des yeux de pierre
ils échangent des regards paupières baissées
des armes passent d'une manche à l'autre
armes patiemment amassées
au prix de quelles faims
de quels dangers.
Ils surgissent de l'ombre
vite s'y engloutissent
de tous les réduits sortent les armes
de tous les replis
de toutes les ruelles
glissent des ombres
les ombres de la nuit glissent dans la nuit.
Chaque silhouette furtive sait où se rendre
que faire
où poser les brandons

et les gosses décharnés quittent la main exsangue des
    mères
pour courir vers les combattants
et faire eux aussi
ce qu'ils ont à faire.

Sans un signal, d'un seul coup
le tir éclate
l'incendie s'élève au ciel
avec les prières des vieux
ceux qui disent qu'il faut être raisonnable
La révolte soulève le ghetto
sursaut d'hommes qui sont prêts à mourir
mais de mort volontaire,
pas poussés à l'abattoir.
Quand les mitrailleuses ennemies se mettent en place
les rues se vident en un éclair
l'ennemi tire à l'aveugle
et de points invisibles
d'autres tirs répondent
des toits, des corniches, des soupiraux
au ras du sol
et tout fait obstacle à sa marche
voitures d'enfants, échelles, madriers
vieux outils
le fouillis centenaire des caves
le bric-à-brac des greniers
le ghetto fait feu de tout
fait armes de tous les siens.

Ils ne voulaient pas mourir à Auschwitz
le ciel les a entendus

ils ont tenté
les vieux avaient raison
mais ce sont eux qui partiront demain
pour les chambres à gaz
avec les femmes et les nourrissons
qui étaient restés cachés dans les soupentes.
Les combattants redeviennent ombres
que l'aube découpe sur le pavé.

II

À la canonnade qui se rapproche
distincte
de plus en plus distincte dans le bruissement des feuilles
au ciel qui s'anime d'avions différents
ils comprennent que l'heure arrive
de quitter les forêts.
Depuis cinq ans ils s'y cachent
dans des souterrains qu'ils ont creusés
les armes à portée de main
leurs terriers.
Ils sortent pour dresser des embuscades
une voiture d'état-major saute et flambe
un char piégé s'enfonce dans un fouillis de branches
ils sortent pour enlever un convoi de ravitaillement
se pourvoir en vivres et en munitions
ils sortent pour faire dérailler les trains
chargés de troupes ennemies
qui traversent leur pays pour monter au front
plus à l'est
ils sont les hommes de tous les combats
hommes à toutes mains

à toutes fins
insaisissables
Maigres et rapides comme loups en hiver.

Le coup fait
ils s'enfoncent dans la forêt
rentrent dans leurs trous
se comptent
Hélas !
mais les petits garçons d'hier sont devenus grands
presque des hommes
ils gagnent la forêt à leur tour
et comblent les vides.

L'heure est venue
ils le sentent
il faut sortir de l'ombre
toute la forêt fait signe
ils ont appris à déchiffrer les signes
ils ont appris aussi
– ils ont des leurs partout –
que l'ennemi reflue
qu'il se replie sur la capitale
toutes ses forces y convergent
et s'y fortifient pour une bataille d'arrière-garde
la dernière avant Berlin.
Ils savent que les alliés de l'est approchent
alors
aller à leur rencontre
leur ouvrir la voie
eux qui connaissent tous les chemins
ils quittent la forêt

par petits groupes investissent leur ville
mettent en place leurs postes de commandement
leurs réseaux de liaison
ils ont l'habitude
depuis des années qu'ils s'organisent
au fond des bois
depuis des années qu'ils ont appris
à faire tout
avec rien.

Enfin ne plus se terrer
se battre au grand jour
la joie éclaire leurs yeux
tout leur est grâce et espérance
dans la ville retrouvée
tout passant leur est frère
toute femme fiancée
la foule complice dans la langue partagée
Le bel été.

Et quand les alliés apparaissent
sur l'autre rive du fleuve
s'y arrêtent
pour prendre leur élan bien sûr
eux déclenchent l'attaque dans la ville
de tous les côtés à la fois.
Soudain les incendies embrasent le ciel mauve de l'été.
Entrez
tout vous attend
c'est ce qui s'écrit pour qui sait lire
dans les flammes dansantes
c'est ce que crient explosions et crépitements.

Sourde aveugle
l'armée alliée ne bouge pas
elle bivouaque au bord du fleuve
attendant quoi ?
Ne faut-il pas du repos à ses soldats
ils marchent depuis la Volga
enfin un fleuve pout se baigner
enfin les nuits douces de l'été,
L'armée alliée ne bouge pas
Elle laissera les partisans
Se faire tuer jusqu'au dernier
et s'avancera dans les ruines fumantes de la ville
lorsque l'inégal combat aura cessé
lorsque les combattants de l'espoir
auront été écrasés.
Alors elle entrera dans la ville
la ville muette
morte
Varsovie humiliée
trahie
Varsovie poignard au cœur.

III

Ils ont tiré les grilles de l'arsenal
ils ont fermé les grilles des carreaux de mines
ils ont verrouillé les grilles des usines
derrière les grilles
ils sont chez eux
Entre eux
libres derrière les grilles
joyeux

libres de poser les questions
Pourquoi pourquoi ?
Tout homme a besoin de savoir le pourquoi
tout homme a le droit de savoir le pourquoi
Ils ont déjà posé les questions
les coups de feu des miliciens ont répondu
ils sont retournés au travail
Sans avoir les réponses
ils ont enseveli leurs morts
Sans savoir quoi leur dire.

Ils ont encore posé les questions
en mil neuf cent soixante-seize
ils ont tenu longtemps derrière les grilles
Aucune réponse n'est venue
les tanks ont enfoncé les grilles
ils ont enseveli leurs morts
la rage au cœur.

Cette fois
il faudra qu'on leur réponde
Pourquoi travailler six jours la semaine
pour ne pas gagner de quoi vivre
pourquoi arracher le charbon à la terre
sans avoir de quoi se chauffer
pourquoi
quand la terre produit
n'avoir pas de quoi manger
Pourquoi toujours la pénurie
l'incurie
il y a longtemps que la guerre est finie
pourquoi

n'avoir pas le droit
de poser les questions.
Taisez-vous ! Travaillez ! Courbez la tête !
Plier le genou, non.
Cette fois, c'est assez
assez de peiner sans voir poindre l'espoir
assez de peiner sans savoir.
Tout homme a droit à la parole
Ils ont posté des camarades aux grilles
pour les garder
derrière les grilles ils sont chez eux
ils peuvent parler
parler
interroger ceux qui savent
comprendre pourquoi rien ne marche
savoir où va ce qu'ils produisent.
Nous sommes le nombre
prenons conscience de notre force !
Et dans tout le pays
derrière les grilles des usines
au fond des puits de mine
dans les forges des arsenaux
les questions ont jailli.
Tout homme a le droit de savoir
le pourquoi des choses
le pourquoi de son travail
de sa vie
de sa misère
Il y a sûrement une explication.

Les hommes du pouvoir ne veulent pas de questions
Ils décident dans l'abstrait des chiffres.

Sous les chiffres, il y a les travailleurs
le pouvoir n'en veut rien savoir
les travailleurs doivent travailler
ils n'existent que pour cela
Qui les pousse à poser des questions ?
Il faut qu'une subversion maligne
les ait égarés
on va les rendre à la raison.

Derrière les grilles
devant les machines arrêtées
les ouvriers ont forgé leurs outils
les outils de la révolte
ils ont trouvé les réponses aux questions
ils ont trouvé les solutions.
Prenons nos affaires en main
nous saurons les faire marcher.

Le pays est en faillite
le remède
déclarer la guerre aux ouvriers
Réfléchissez, hommes du pouvoir
sans eux vous n'êtes rien
sans eux vous ne pouvez rien.
Réfléchir ? Voyons le bréviaire
le bréviaire du voisin qui a regardé
Varsovie agoniser
pour y entrer en vainqueur
et imposer sa loi.
En prison les ouvriers
les professeurs et tout ce qui pense.

Les yeux se voilent
les lèvres se serrent
bouches sans parole
prunelles de pierre
la nuit descend sur Varsovie.

Elle est assise à l'ombre du mur blanc
devant sa maison
avec d'autres
vieilles aussi
moins vieilles qu'elle cependant
elle rapetissée
toute courbée toute séchée
le visage tout plissé
le regard délavé dans les rides enchevêtrées.
Les autres tricotent ou bradent
elle
ne fait rien
elle est là
vidée de sa vie
les prunelles décolorées d'avoir pleuré
les mains nouées d'avoir prié
les lèvres rentrées de ne plus parler.

Ses yeux ne voient plus que ce jour-là
sa mémoire n'a retenu que ce jour-là
sa vie s'est mise en suspens ce jour-là
le jour où ses trois fils

avec tous les jeunes gens du village
ont été pris
enfermés à la Kommandantur
pour être fusillés
avec tous les garçons du village
les garçons de seize à vingt ans
ce jour-là
ses trois fils.

Le pope a pris sur lui de fléchir le commandant
d'essayer de le fléchir
Ces pauvres parents
allez-vous leur ôter leurs trois enfants
leurs trois fils
ils n'ont qu'eux au monde
faut-il qu'il ne leur reste rien ?

Je veux bien en épargner un
a dit le commandant
qu'ils choisissent celui des trois.

Le pope a rapporté au père et à la mère
le père est mort depuis
la mère
c'est la vieille aux yeux décolorés.
Choisir
choisir
peut-on choisir entre ses enfants
celui qui restera vivant ?
Écartelés
anéantis
que fallait-il faire ?

Choisir
Ils n'ont pas pu.
La vieille Crétoise me regarde de son regard immobile
elle dit :
Prie Dieu de ne pas t'envoyer
tout ce qu'un cœur de femme peut supporter.

Ce jour-là
c'était un jour d'été
quand Hitler conquérait le monde.

Tout ce que
Le cœur d'une femme peut supporter

LES FOLLES DE MAI

Elles tournent elles tournent
les folles
elles tournent sur la place
les folles de mai
sur la place de mai
elles tournent
les folles d'inquiétude
les folles d'angoisse
les folles de douleur
elles tournent sur la place de mai
les folles de mai.

Si angoissées qu'elles ne peuvent crier
ne peuvent pas crier
tant leur gorge est serrée
poignantes d'une douleur
qui tient tout leur corps
si fort
qu'elles ne peuvent crier
tant leur cœur est serré.

Au crépuscule

elles arrivent
par toutes les rues qui débouchent sur la place
elles arrivent au rendez-vous
le rendez-vous de la souffrance intolérable
elles arrivent pour crier en silence
puisque leur gorge ne peut plus crier.
Elles se reconnaissent
se sourient
pauvrement.
Une nouvelle
Qui es-tu ? D'où viens-tu ?
Mon mari
cette nuit
depuis ce matin je cours partout
partout portes de bois
visages de fer
nous ne savons rien
revenez demain
portes de bois silence de plomb.

Autre figure nouvelle. Qui es-tu ? D'où viens-tu ?
Mon fils
étudiant
cette nuit
cette nuit même.

À chaque rendez-vous leur nombre grandit
et l'anneau qui tourne sur la place s'élargit.

Elles tournent elles tournent les folles de mai
Elles tournent et c'est tout d'elles qui crie
leur bouche serrée qui hurle

d'où le cri ne sort pas
crié à blanc
leur corps déchiré et leurs larmes taries
ongles inutiles
enfoncés dans les paumes durcies.

Elles tournent les folles d'angoisse
elles tournent les folles de douleur
et ce cri que vous n'entendez pas
retentit dans le monde entier.
Il crie aux oreilles lointaines
leur cri
mais aux murs du palais de mai
aux murs de la place de mai
il cogne sans écho.
Rien ne veut entendre
les murs sont sourds
plus sourds encore les tortionnaires
sans visage les bourreaux.
Où est mon mari, crie celle-ci
Où est mon mari
crient mille autres.
Vous l'avez torturé
dans vos caves dans vos casernes
dans vos salles de supplice
vous l'avez torturé et qu'en avez-vous fait ?
Qu'en avez-vous fait
après
après ?
Rendez-nous au moins son corps en lambeaux
rendez-nous ses membres brisés
rendez-nous ses mains écrasées

rendez-nous les
que nous sachions
rendez-nous les
que nous puissions les enterrer.

Où est mon fils crient mille autres
Où sont tous mes fils crie cette autre encore
Dites ce que vous avez fait d'eux
Dites dites
que vous avaient-ils fait
les innocents ?

Rendez-nous son visage écrasé sous vos bottes
rendez-nous ses yeux que vous avez fait gicler hors
    des orbites
rendez-nous sa tête éclatée
et cette boucle brune sur son front
qu'il tortillait de son index quand il lisait
rendez-les nous
rendez-les nous
que nous sachions
rendez-les nous
que nous puissions les enterrer.

Disparus
Comment disparus ?
Un homme ne disparaît pas
qui sait son chemin
et le chemin de sa maison
un homme ne disparaît pas
qui sait que sa femme
l'attend à la maison.

Un garçon ne disparaît pas
que sa mère a envoyé aux commissions
des milliers d'hommes ne disparaissent pas
sans que leurs pas laissent trace
le poids d'un pas d'homme
ne marque-t-il pas le chemin
et le poids d'une vie d'homme.
Disparus
comment osez-vous ?

Le mien était parti au travail
le matin comme d'habitude
nul ne l'y a vu
il n'est pas revenu.

Le mien était parti au tribunal
nul ne l'y a entendu
il n'est pas revenu
celui qu'il devait défendre a disparu.

C'était le mien qu'il défendait
un ouvrier aux larges mains
les mains qui gagnaient le pain des enfants.

De quoi était-il coupable
celui-ci
de quoi était-il coupable
celui-là ?
D'avoir dit des mots qui ont déplu
peut-être
c'est conjecture
on ne sait de quoi il était accusé

Tous sont morts sans avoir été accusés
le dit coupable et l'avocat
qui devait lui prêter sa voix.

Tous sont morts d'avoir été torturés
car ils sont morts n'est-ce pas
au moins dites-le.
Dans quels ossuaires
dans quelles catacombes
dans quels charniers les jetez-vous
tous ces hommes que vous assassinez
par quels flots les faites-vous emporter
ces hommes que vous torturez jusqu'à la mort
une fois morts
il vous faut bien vous en débarrasser
alors où
où sont-ils
où où où
où dites-le nous.

Elles tournent elles tournent
les folles de mai
les folles de douleur
les folles de malheur

J'ai mal à ses mains que vous avez écrasées sous vos
    talons de fer
ses mains
et leur caresse vivante sur mon visage
j'ai mal à ses tempes que vous avez écrasées
sa tempe contre la mienne dans la tiédeur de la nuit
j'ai mal à sa poitrine que vous avez écrasée

poumons éclatés cœur noyé
sa poitrine qui respirait contre la mienne
quand il disait bonsoir en rentrant à la maison.
J'ai mal à tout son corps que vous m'avez arraché
brutes sanglantes
n'avez-vous donc ni femme ni enfant
ni amante
brutes inhumaines
n'avez-vous jamais mis votre joue contre la joue d'un
    enfant
votre main dans la main d'une femme
votre regard dans le regard d'un autre qui vous aime
brutes
de quoi êtes-vous donc faits
brutes
pas de la même chair que nous
l'espèce humaine
comment pouvez-vous feindre notre apparence
quand tout de vous dément votre appartenance.

Elles tournent elles tournent
les folles de mai
sur la place de mai
elles tournent en juin et en septembre
en hiver et en été
elles tournent et elles crient
elles crient de colère
les folles d'angoisse
les folles de douleur
les folles de malheur.

Dites
qu'en avez-vous fait

de nos hommes de nos enfants
qu'avez-vous fait de mon mari
l'avocat
vous avez brisé sa gorge pour étrangler sa voix
qu'avez-vous fait de mon mari
le boulanger
la douce odeur du pain dans ses cheveux
le matin
quand il remontait de son fournil
la douce odeur du pain
sur ses mains adoucies par la farine du pétrin
qu'avez-vous fait de mon mari
le journaliste
qui savait toutes choses et les faisait savoir
qu'avez-vous fait de mon mari
le chauffeur de taxi
qui connaissait tous les chemins
par où vous faites disparaître nos hommes et leurs
enfants
qu'avez-vous fait de mon mari
le médecin
Sa voix rassurante son regard qui aidait à vivre.
Qu'avez-vous fait de mon fiancé
si timide
qu'il attendait la nuit pour me dire qu'il m'aimait.

Dites dites
dans quels ossuaires
dans quels cimetières
dans quels trous les avez-vous jetés
lambeaux de chair moite de souffrance
squelettes mis à nus par vos lanières

et vos fers
dites dites
qu'en avez-vous fait ?

Elles tournent elles tournent
les folles de mai
on veut les faire taire
rien n'y fait
le monde entier entend leur cri
le monde entier entend et se tait
indifférent
démuni
harassé de sa propre vie
sensible compatissant impuissant
n'y a-t-il rien à faire vraiment ?

Tournez folles de mai
tournez jusqu'à ce que toutes les femmes du monde
fassent la ronde
devant les palais qui nous gouvernent
relaient vos cris
jusqu'à ce que ces cris percent le cœur
de ceux qui font des affaires
avec vos tortionnaires

Tournez folles de mai
tournez tournez sur la place de mai
criez femmes de Buenos-Aires
criez jusqu'à ce que les spectres de vos suppliciés se
lèvent
comme autant de regards
qui nous dévisagent et nous accusent

regards incandescents comme autant de brûlures
qui nous arrachent la peau de l'âme
et nous fassent hurler de votre douleur
criez jusqu'à ce que le monde
éclate de honte
tournez
tournez sur la place de mai
folles de mai.

Poèmes inédits

*Les poèmes ici présentés proviennent du fonds Delbo
conservé à la Bibliothèque nationale de France. Les sept
premiers sont extraits des cahiers manuscrits de Charlotte
Delbo, premières esquisses d'*Aucun de nous ne reviendra
*et d'*Une connaissance inutile *dont la rédaction date de
1946 (4-COL-208 (109) et (110)). Les trois poèmes suivants,
tantôt manuscrits, tantôt dactylographiés sur des feuillets, se
trouvent dans un dossier à part (4-COL-208 (283)). Seul l'un
d'entre eux est daté, les autres ne contiennent aucune indica-
tion sur le moment de leur rédaction.*

Marcher sur une route
seul
un soir d'été
marcher
en chantant une romance bête

Regrets

Il pleuvait
je me suis arrêtée devant « chez le marchand de
    parapluies »
j'étais là regardant la vitrine
longtemps
la pluie dégouttait dans mon dos
choisissant
ce gris
quatre-vingt-cinq francs
non
ce bordeaux
cent vingt francs
j'étais tout à fait trempée
alors je me suis décidée
je suis entrée dans l'agence de voyages à côté
j'ai pris des prospectus
et je rêve
je rêve de Grèces et d'Égyptes
de cactus.

Il n'y a qu'une solitude
c'est la solitude avec la mort
Ici
nous sommes des milliers
tous nous sommes seuls
Ici
la mort n'a qu'un visage
pour tous
son visage nu

La victoire
au goût amer
ce fruit gonflé de sang
comme une grenade
avez-vous le droit
Tous
qui tendez les mains
avez-vous le droit
de boire de ce sang-là

Il y avait tant de candidats
la mort
avait l'embarras du choix
alors
elle les prenait tous.
Et chacun croyait
que c'était une faveur.

Vous qui dormez l'innombrable sommeil
à la pluie
au soleil
à l'été
à l'hiver
en immenses allées
à l'abri
au chaud de la terre
tant d'années déjà
serrez-vous sous vos croix
faites-leur place
à tous ces nouveaux-là
qui errent
de ciel en terre
d'astre en astre
sachant pas où aller
ils n'ont pas de laissez-passer
leur peau leur cœur
tout a brûlé
pas une prunelle pas un os n'est demeuré
qui pourrait sous un monument
attester de leur vivant

Le soldat inconnu à l'honneur
que faire de l'âme inconnue
l'âme de nos jours nul n'y croit plus

Vous qui savez leur dénuement
faites-leur place à vos côtés
ils seront si peu encombrants
appelez-les
entre vous vous vous comprenez
car les vivants
(ils étaient trop c'est la raison)
les vivants
oublient leurs noms
ils baptisent une rue Tartempion
pas rue des héros sans nom

Spectres mes compagnons
vous qui m'avez abandonnée
Si vous saviez comme je vous ai cherchés
si vous saviez comme au moindre son
au moindre bruissement qui me rappelait votre voix
j'ai essayé de vous entendre
Si vous saviez quelle peine je me suis donnée
pour vous faire affleurer à fleur de mémoire
pour vous ressusciter
pour vous rendre une ombre d'existence
Si vous saviez comme j'ai parlé de vous
parce qu'à parler des morts
ils redeviennent vivants
Si vous saviez comme j'ai décrit vos gestes
Votre sourire votre démarche
invité votre voix et votre langage
pour vous rendre vivants
à mes camarades
et j'étais si loin si loin de vous
si loin de votre apparence
que je vous en demande pardon
Pardon de vous avoir soumis à l'épreuve

de la brume glacée du matin
de la boue glacée des chemins
de la plaine désespérée
pardon de vous avoir invoqués
appelés
suppliés
pardon de vous avoir entraînés malgré vous
dans ce voyage d'où nul ne devait revenir
d'où pourtant je suis revenue
si défaite
que vous ne m'avez pas reconnue
si peu vivante
que vous m'avez crue perdue

J'ai arraché de moi
cette robe qu'était mon amour
toute tissée d'amour
le beau cadeau qu'il m'avait fait
je ne pouvais plus la porter
parce qu'elle était d'aube d'été
j'ai dû l'arracher de violence
si violemment
que mon cœur est resté dedans.

je n'aime pas cette ville
inexpressive
comme peut l'être un visage
réfléchissant
les couleurs du ciel
et les couleurs de l'eau
la pensée absente dans les paupières
que rien ne transfigure
et qui refuse le fantastique
rien que les couleurs du ciel
et les couleurs de l'eau
rien des couleurs
de la vie inaccessible

Comment faisais-tu donc
pour m'expliquer
et pour me convaincre
pour m'expliquer que le crime était justice
que la trahison était fidélité
que le mensonge était vérité
l'idéal réalité
pour m'expliquer qu'il avait raison
et que triomphe la révolution...

Pour la révolution nous luttions
nous luttions de toutes nos forces
en même temps nous nous aimions
l'amour et la lutte
l'amour et la révolution
demain la victoire
que la vie était belle
beau notre amour
que la vie valait d'être vécue
chaque jour plus près du but.

Comment faisais-tu donc

pour me convaincre
qu'il était la révolution triomphante ?
Pour la révolution
nous étions prêts à mourir
une fois de plus
nous avons été pris
une fois de plus
c'était pour la patrie.

Comment faisais-tu donc
pour m'expliquer qu'il avait raison
celui qui nous a volé les étoiles
la scintillante
la brûlante
l'incandescente
l'étoile
et toutes les autres étoiles
pour les clouer captives sur des canons
pour les clouer glacées sur des engins noirs...

Quand je pense qu'il est mort
en criant
Vive Staline
Vive l'armée rouge
et que j'entends entrer dans Budapest
les chars à l'étoile captive
qui doivent rendre à Budapest son sourire
j'ai le goût de cendre dans la bouche

Quand je pense qu'il est mort
en criant
vive l'armée rouge

vive Staline
et que j'entends entrer dans Prague
les chars à l'étoile glacée
qui doivent protéger Prague d'elle-même
j'ai le goût de cendre dans la bouche.

(août 1970)

*Entretien avec Charlotte Delbo
par Claude Prévost*

*L'entretien ici reproduit a été donné par Charlotte Delbo à Claude Prévost en 1965 à l'occasion de la première publication, chez Gonthier, d'*Aucun de nous ne reviendra. *Il paraît au mois de juin dans le numéro 167 la revue* La Nouvelle Critique, *revue créée en 1948 par le Parti communiste français.*

Claude Prévost : Un des traits originaux de votre livre, c'est que l'ayant écrit à votre retour des camps, vous ayez attendu vingt ans pour le publier. Pour quelles raisons ?

Charlotte Delbo : Par exigence. Ce que j'ai écrit a pour moi une importance très grande. C'est un livre qui me tient à la peau du ventre. J'avais la volonté de le faire et surtout le besoin de le faire. Un besoin que tous ont eu là-bas : dire, dire au monde ce que c'était. J'ai écrit, écrit d'un jet. Portée. Et le livre est sorti de moi dans une inspiration profonde. Puis, l'ayant terminé, j'ai réfléchi, j'ai été prise de peur : voyons, nous sommes là devant la plus grande tragédie que l'humanité ait connue, une tragédie aux dimensions gigantesques, et j'aurais l'audace de me prétendre au niveau de cette tragédie ? J'aurais la prétention d'en rendre compte ? Je voulais plus que rendre compte : donner à voir. Comment savoir si j'y avais réussi ? Il me fallait l'écrire tout de suite dans la palpitation, dans le frémissement du présent. Mais sur le moment, comment juger ? Qu'est-ce qui dit que ce n'est pas un affreux pathos ? Il m'a paru que le seul moyen d'en juger était d'attendre, quinze ou vingt ans. D'ailleurs c'était une détermination : je l'avais dit à mes camarades, quand j'étais encore à Ravensbrück (j'ai été transférée à Ravensbrück après Auschwitz) et que je pensais à ce livre.

Et puis, je ne voulais pas renseigner. Au retour des déportés, les gens étaient avides de détails. Ils voulaient savoir. Les journaux étaient remplis de comptes rendus, nombre de déportés ont écrit des livres informatifs : on se levait à telle heure, on se couchait à telle heure, on faisait tel ou tel travail, l'appel, la soupe, etc. Toutes ces informations étaient extrêmement utiles, mais moi je n'éprouvais pas le besoin d'y contribuer. Ce à quoi je voulais atteindre, c'est à une information plus haute, inactuelle, c'est-à-dire plus durable, celle qui ferait sentir la vérité de la tragédie en restituant l'émotion et l'horreur.

C. P. : *Vous n'étiez pas sûre de vous ?*

C. D. : Si, je l'étais. Je l'étais puisque je n'ai rien changé à mon texte. Mais je voulais être vraiment sûre.

C. P. : *Ce n'est pas en rapport avec le vingtième anniversaire de la libération des camps ?*

C. D. : Aucun rapport. Pour les déportés, c'est l'anniversaire tous les jours.

J'avais décidé de ne publier ce livre que quinze ou vingt ans plus tard parce que les précédents montrent (pensons aux œuvres qu'a inspirées la guerre de 14-18) que les œuvres détachées de l'actuel, qui, de ce fait, rendent un son différent, ne trouvent écho que lorsque les sensibilités ne sont plus à vif. C'est la différence entre le journalisme et le livre. En l'écrivant, je me plaçais vingt ans après. C'était déterminé. Mais c'est une espèce de ruse. En pensée, vous vous placez là, vous dites faisons comme si j'étais là, mais vous «faites comme si». On peut anticiper, certes, mais imaginer le temps, non.

C. P. : Un commentateur s'est excusé de parler de «littérature» à propos de votre ouvrage. Comme si la littérature n'était pas un moyen de connaissance. Est-ce votre avis ?

C. D. : Je me suis trouvée aux prises avec une réalité très difficile à décrire. J'ai éprouvé qu'elle résistait à la description triviale et banale. Il faut transcender un objet pour le décrire. Dans ce que j'avais à décrire là, il ne s'agissait pas seulement de paysages, de lieux, d'êtres dans leur apparence, il y avait aussi la Passion, la Passion au sens grand du mot, au sens pascalien, c'est-à-dire ce que des êtres ont subi. Si vous voulez rendre compte de la souffrance, vous ne pouvez pas seulement décrire, il faut transmettre l'émotion, la sensation, la douleur, l'horreur. Il ne faut pas décrire, il faut donner à voir. Donner à sentir.

C. P. : Un historien ou un chroniqueur peuvent écrire que les déportés avaient faim ou froid, etc. Le lecteur lit : «Ils avaient faim, ils avaient froid.» En lisant ce que vous écrivez sur la soif et sur le froid, on a soif et on a froid.

C. D. : Pour moi il n'y avait que ce moyen. Seuls les

poètes donnent à voir. Seul le langage de la poésie permet de donner à voir et à sentir.

C.P. : Le préjugé est tenace à l'égard de l'esthétique.

C.D. : Le critique de *Combat* dans son article sur mon livre écrit : « Oser parler de style à propos d'Auschwitz ! » Il serait interdit d'avoir un style d'écrivain, d'écrire dans une forme poétique à propos d'Auschwitz. Mais seule cette forme, seul ce style encore une fois permettent de communiquer ce que j'avais à communiquer, de faire voir ce que je voulais faire voir. C'est la différence entre la photo et le poème. La photo est exacte, le poème est vrai.

C.P. : Cela choque encore que l'on puisse dire ou écrire que la littérature soit un moyen de connaissance à propos des camps.

C.D. : Je n'ai pas trouvé d'autre moyen de m'exprimer, de dire ce que j'avais à dire. Il m'a semblé que pour être entendue il fallait le dire comme cela.

C.P. : Il y a une question qu'il n'est pas nécessaire de vous poser (vous avez déjà donné la réponse) : récririez-vous le même livre vingt ans après ?

C.D. : Je ne sais pas jouer avec des « si ».

C.P. : Non, vous nous avez répondu que si vous aviez estimé maintenant que cela ne correspondait pas à ce que vous vouliez écrire, vous ne l'auriez pas publié.

C.D. : J'ai essayé de le publier il y a trois ans, vous voyez que je n'avais pas calculé vingt ans. Je voulais donner à voir, non pas aux déportés qui étaient

144

encore tout saignants, mais à ceux qui n'auraient jamais entendu parler du camp.

Et pour les toucher, ceux-là, il fallait le leur recréer. J'ai lu récemment un livre sur Auschwitz : les blocks avaient tant de mètres de longueur, ils contenaient tant de cases, sous telle hauteur de plafond, etc. comme un descriptif d'architecte. Moi je ne saurais vous dire combien il y avait de cases dans un block. Et quand on le dirait aux gens qui n'y sont pas allés, ils ne se représenteraient pas ce block et la façon dont on y vivait… mourait plutôt.

Les chiffres et les mesures ne rendent pas compte de tout. Tout n'est pas mesurable. J'en ai un exemple assez frappant : j'écris en ce moment un livre sur les camarades du convoi dont j'ai fait partie. 230 femmes, 179 mortes à Auschwitz. Pour faire ce livre, j'ai interrogé les rescapées. Je leur ai demandé de remplir un questionnaire, d'écrire ce qu'elles ont fait, vu. L'une d'elles a écrit : « On nous envoyait travailler dans les marais, à sept ou dix kilomètres de marche. » Elle le dit très honnêtement. Elle l'a dit autour d'elle. Si l'on songe à la vitesse à laquelle nous marchions, à l'état de la route – la boue, le verglas – à l'état de nos chaussures, à l'état de nos jambes, au fait que nous étions à la limite de nos forces, que celles qui pouvaient marcher avaient à chaque bras une autre qui tenait à peine debout, si l'on sait que nous quittions le camp quand le jour était clair, c'est-à-dire vers 8 heures du matin, en hiver, et que nous avions encore le temps de travailler au marais avant la soupe de midi, il est certain que nous ne faisions pas dix kilomètres. J'ai vérifié sur une carte du camp : le marais le plus éloigné était à trois kilomètres cinq-cent...

C.P. : *La distance peut effectivement se mesurer en fatigue.*

C.D. : Et non en kilomètres. Et si vous écrivez dans un livre : elles allaient travailler à trois kilomètres du camp le lecteur pensera : trois kilomètres, ce n'est rien. Mais si vous montrez comment nous y allions, comment nous nous y traînions, les lecteurs, sans savoir à combien de kilomètres c'était, se rendent compte que c'était une épreuve terrible.

C.P. : *Il y a, à la fin de la note biographique sur laquelle se clôt votre livre, cette phrase : « Je ne sais plus si ce que j'ai écrit est vrai. Je suis sûre que c'est véridique. »*

C.D. : Est véridique ce qui est conforme à la réalité. Le vrai enveloppe une part de subjectif, il me semble. Pirandello a bien pu écrire : Chacun sa vérité. J'ai choqué un déporté un jour en disant : « Ils ont bien fait de me tatouer un numéro sur le bras, sinon je ne serais pas sûre d'avoir été à Auschwitz. » Il était en colère. Comme si j'avais oublié. Comme si on pouvait oublier. Seulement c'est tellement extraordinaire, inimaginable, que même moi je me demande si c'est vrai. Et quand nous étions là-bas, nous avions l'impression d'être dans un état second, de ne pas être présentes à nous-mêmes, et cependant il nous était impossible d'échapper une seconde, oui une seconde, à la réalité, impossible de nous réfugier dans le rêve ou de faire semblant, il nous fallait à tout instant une vigilance aiguë pour tenir, pour ne pas céder à la fatigue, à la souffrance, pour parer un coup – pour soi ou pour l'autre; c'était une tension qui n'avait jamais de relâche, et pourtant cela ne semblait pas vrai. Le réel-irréel. Aussi quand je rencontre les gens qui n'ont aucune idée de ce qu'était Auschwitz, je n'en suis pas ulcérée: Auschwitz, ce n'est pas imaginable.

Charlotte Delbo est née en 1913 à Vigneux-sur-Seine (Essonne), de parents immigrés italiens. Après avoir suivi une formation de sténodactylo, elle travaille à Paris comme secrétaire dès l'âge de dix-sept ans. Elle adhère en 1932 au mouvement des Jeunesses communistes. En 1934, elle rencontre Georges Dudach, communiste engagé, très actif au sein du Parti, avec qui elle se marie en 1936. Un an plus tard, elle devient la secrétaire de Louis Jouvet, alors directeur du théâtre de l'Athénée. Celui-ci l'avait convoquée après la lecture d'un entretien qu'elle avait réalisé et retranscrit pour *Les Cahiers de la Jeunesse*, dont Dudach était le rédacteur en chef.

L'été 1941, Charlotte Delbo accompagne la troupe de l'Athénée lors d'une tournée en Amérique du Sud. Georges Dudach, engagé dans la Résistance intérieure, est resté à Paris. Elle décide de le rejoindre dans la clandestinité, contre l'avis de Jouvet qui la supplie de n'en rien faire. Charlotte regagne Paris et retrouve son mari en novembre 1941. Ils vivent cachés, ne se montrent jamais ensemble. Georges sillonne Paris, rencontre ses contacts, transmet des informations pendant que Charlotte tape à la machine des tracts et des journaux clandestins. Mais la police déploie patiemment ses filets. En février 1942, de nombreux membres de leur réseau de résistants communistes sont pris en filature. Les arrestations se multiplient à la mi-février : Georges et Maï Politzer, Danielle Casanova, Lucien Dorland, Lucienne Langlois, puis André et Germaine Pican, Jacques Decour... De filature en filature, l'étau se resserre. Georges Dudach et Charlotte Delbo sont arrêtés le 2 mars 1942 par les brigades spéciales de la Police française. Delbo est emprisonnée à la Santé, où elle reverra son mari une dernière fois, le 23 mai ; Dudach est fusillé le jour même au Mont-Valérien. Transférée en août au fort de Romainville, puis à Compiègne, Charlotte Delbo quitte la France pour Auschwitz-Birkenau le 24 janvier 1943, dans un wagon à bestiaux, en compagnie de deux cent vingt-neuf autres femmes, majoritairement engagées comme elle dans la Résistance.

Transférée à Ravensbrück au début de l'année 1944, elle est libérée en avril 1945 après vingt-sept mois de déportation. Sur les deux cent trente femmes du convoi de 1943, elles sont quarante-neuf à rentrer. Quelques mois après son retour, dans une maison de repos en Suisse, elle écrit dans un cahier *Aucun de nous ne reviendra* qui deviendra, vingt-cinq ans plus tard, le premier volume de la trilogie *Auschwitz et après*. À partir de 1947, elle travaille pour l'ONU à Genève. Elle réside douze ans en Suisse avant de regagner Paris, où elle entre au CNRS en 1960, devenant l'assistante du philosophe Henri Lefebvre, qu'elle avait rencontré en 1932. Elle termine sa carrière au CNRS en 1978 et meurt en 1985, âgée de soixante-douze ans.

Charlotte Delbo a gardé pendant vingt ans le manuscrit d'*Aucun de nous ne reviendra*, l'emportant partout avec elle sans pouvoir se décider à le faire publier. C'est l'engagement pour une tout autre cause, la dénonciation de la guerre d'Algérie, qui l'amène à faire paraître son premier livre aux Éditions de Minuit, *Les Belles Lettres*. Révoltée par la guerre coloniale mais ne se sentant pas légitime pour en témoigner directement, elle réunit et présente un ensemble de lettres dans un recueil, se faisant chambre d'écho de l'indignation de ceux qui les ont écrites. Les Éditions de Minuit ont publié *La Question* d'Henri Alleg et une série de témoignages engagés – et plusieurs fois censurés – contre la torture en Algérie. C'est dans cette maison que Charlotte Delbo publiera donc *Les Belles Lettres* en 1961.

Quelques années plus tard, en 1964, Charlotte Delbo apprend par une connaissance du CNRS que Colette Audry recherche des textes écrits par des femmes pour la collection qu'elle dirige aux éditions Gonthier. Elle accepte de leur confier son témoignage de la déportation. Son amie Claudine Riera-Collet propose de le dactylographier pour elle. C'est ainsi qu'*Aucun de nous ne reviendra* paraît pour la première fois en 1965 chez Gonthier. De ce premier témoignage surgit aussitôt un autre livre, né des questions que lui posait son amie pendant la préparation du manuscrit : qui étaient toutes ces femmes, comment s'étaient-elles retrouvées à Auschwitz, quel avait été leur destin ? Charlotte décide de rassembler tout ce qu'elle sait ou peut retrouver sur les deux cent trente femmes. Sur chacune, elle rédige une notice, les notices sont classées par ordre alphabétique. Elle travaille près d'un an à ce livre qu'elle achève en juillet 1965 et porte à Jérôme Lindon aux Éditions de Minuit. *Le Convoi du 24 janvier* paraît en novembre 1965.

Ainsi paraissent en 1965 ses deux premiers livres sur les camps, très différents l'un de l'autre. Tous deux ont une portée universelle : le premier par la sensibilité, l'humanité et la justesse du récit personnel, le second en rapportant le destin de chaque femme d'un point de vue factuel et historique. Si les ventes sont faibles, ces livres recueillent suffisamment d'éloges pour pousser Charlotte Delbo à continuer le récit d'*Aucun de nous ne reviendra*. Le transfert à Ravensbrück en 1944, la libération des camps, le retour, tout cela était absent du premier livre. De plus elle a écrit, au fil des ans, des poèmes dont elle va ponctuer son récit : ainsi se constitue le deuxième volume de la trilogie, *Une connaissance inutile*. Les Éditions de Minuit publient le livre en 1970 et rééditent en même temps *Aucun de nous ne reviendra*.

Le troisième volet vient rapidement après : les recherches faites pour le *Convoi*, les camarades survivantes retrouvées, les échanges avec celles-ci et les amitiés renouées avaient donné l'idée à Charlotte d'écrire sur cela aussi : que devient-on *après* Auschwitz ? Dans *Mesure de nos jours*, qui clôt en 1971 la trilogie *Auschwitz et après*, elle fait le portrait de ses camarades rescapées. Chacune à sa façon a construit sa propre stratégie, plus ou moins consciente, pour tenter de vivre alors que rien ne sera jamais plus comme avant, parce qu'on n'en est jamais vraiment *revenu*.

CET OUVRAGE A ÉTÉ ACHEVÉ D'IMPRIMER
LE VINGT AVRIL DEUX MILLE VINGT-QUATRE
DANS LES ATELIERS DE NORMANDIE ROTO
IMPRESSION S.A.S À LONRAI (61250) (FRANCE)
N° D'ÉDITEUR : 7411
N° D'IMPRIMEUR : 2402283

Dépôt légal : avril 2024